風馬룽다

초판 1쇄 2011년 9월 5일
지은이 이명수
펴낸이 김영재
펴낸곳 책만드는집

주소 서울 마포구 합정동 428-49번지 4층 (121-887)
전화 3142-1585·6
팩스 336-8908
전자우편 chaekjip@naver.com
출판등록 1994년 1월 13일 제10-927호
ⓒ 이명수, 2011

* 이 책의 전부 또는 일부 내용을 재사용하려면 사전에 저작권자와
  책만드는집의 동의를 받아야 합니다.
* 잘못 만들어진 책은 구입하신 서점에서 교환해드립니다.

ISBN 978-89-7944-369-1 (04810)
ISBN 978-89-7944-354-7 (세트)

이명수 시집

책만드는집
시인선 010

風馬 룽다

책만드는집

| 自序 |

'바람의 말'을 보았다.
티베트 고원에서 오방색 말갈퀴를 휘날리는.
천 한 조각에 나의 바람을 적어 바람에 걸었다.
苦行과 만나는 순례길에서 여러 차례 가슴 '저미는' 순간에 내가 있었다면, '룽다'라는 말이 비록 이국적이라 해도 '風馬'라는 뜻을 새겨 좋은 인연으로 삼고자 한다.
어쩌면 내가 쓰는 시도 기다란 장대 끝에 적어놓은 '바람의 말'인지도 모른다. 내 詩의 '스승은 낯선 곳에서 온다'고 믿는다.
몸이 마음을 이끌고 고원을 넘어 천천히 흘러갔듯이 카미노 데 산티아고 800킬로미터 순례길을 그렇게 걷고 싶다. '용서와 화해의 언덕'에도 오르고 싶고 순례자의 지팡이를 모셔놓은 일본 어느 사찰에도 가보고 싶다.

그러나 '여행은 새로운 풍경을 보는 것이 아니라 새로운 눈을 갖는 것'이라고 했으니, 좀 더 기다려야 한다면 몇 달 제주에 머무르며 올레길 80킬로미터를 먼저 걸어야겠다.
 삶도 여행이라면 단 한순간도 제자리에 머물러 있지 않기에 순례자의 마음으로 길을 걸으며 몸 공부, 마음공부를 하려 한다. 시란 '잃어버린 나를 찾아 떠나는 성스러운 순례기행'이라 믿기에.

─2011년 여름 끝물
水月軒에서 이명수

| 차례 |

4 · 自序

1부

13 · 지공
14 · 비문증
16 · 전도몽상
17 · 각성
18 · '그대'라고 부른다
19 · 변명
20 · 성북동 168번지
22 · 두고 온 왕촌
24 · 그렇지 않다, 그렇다
25 · 대표작
26 · 모자
27 · 사람, 사랑
28 · 아내의 피아노
30 · 사진 속의 사진을 보며
31 · 인사동 사람들

2부

- 35 · 여름궁전
- 36 · 비양고비 황조롱이
- 38 · 새끼 염소
- 40 · 은제 나무 아래 울고 있는
- 42 · 고행과 만나다
- 46 · 얄룽창포 강을 건너며
- 48 · 야크에 관한 명상
- 51 · 제주 돌담
- 52 · 포대 화상을 메고
- 54 · 수월헌행
- 56 · 메아리의 중심에서
- 58 · 솔아티 민박집
- 60 · 신라의 달밤
- 61 · 진저리 치다

3부

- 65 · 소리 한 잎
- 66 · 독거노인
- 67 · 보온 덮개
- 68 · 연탄재와 분뇨
- 69 · 마음 구멍
- 70 · 지하철 귀뚜라미
- 72 · 관 속에 누워
- 74 · 부처 보시
- 76 · 꿩꿩 장서방
- 78 · 신현정나무
- 80 · 오규원나무 김영태나무
- 82 · 시인의 직업
- 84 · 대리 기사와 시인
- 86 · 껌값
- 88 · 평상에 관한 비망록
- 90 · 반값

4부

- 93 · 건배
- 94 · 금연 구역
- 96 · 무한 질주
- 98 · 흘레
- 99 · 동물성, 할!
- 100 · 무녀리
- 101 · 가을엔 개도 외롭다
- 102 · 강아지 분양받을 분에게
- 104 · 라그리마
- 105 · 몽유도 1
- 106 · 몽유도 2
- 108 · 몽유도 3
- 109 · 눈사람새
- 110 · 안서동에서
- 112 · 독도에 서다

- 114 · 해설 _ 공空으로 생生을 긷다 · 김정남

1부

지공至空
— 상대적이며 절대적인 봄

동사무소에서
'어르신 교통카드'란 걸 받았다
올봄 나는 공空이 되었다
지하철 개찰구 센서에 카드를 대면
문이 열리고 '0'空이란 숫자가 뜬다
나갈 때도 '0'이 문을 열어준다
늘 잔고는 '0'으로 채워져 있다

출구를 빠져나와 계단을 오르는데
저 밑에서 누가 부른다
"어이! 지공 선사!"
두리번거려도 아무도 없다
3번 출구 밖
꽃가루 분분
내 봄의 잔액은
공空에 이르렀다

비문증 飛蚊症*
―상대적이며 절대적인 봄

눈앞에 아른거리는 저 꽃
손을 휘저어도 잡히지 않는다
안경 너머 희미한 봄
오지도 않고 간다

있었던 것 없어지고
없었던 것 생겨나는 천지조화를
어찌 알랴마는
마음도 유리창처럼 뿌예지는
이 봄날
잡으려면 사라지는 것이
욕계欲界 색계色界의 허깨비인 것을
이제 알겠다

내가 써온 시도
있는 것 감추고
없는 것 보여주며

사람 홀리는
허공의 꽃인 걸 알겠다

---

* 눈앞에 모기나 날파리 같은 작은 물체가 떠다니는 것처럼 보이는 증상. '날파리증' 또는 '유리체 부유물'이라고도 함.

전도몽상 顚倒夢想
―상대적이며 절대적인 봄

올봄 인연 하나 끊으려 합니다
무엇 하나 맺고 끊지 못해 전전긍긍하는 내게
끊는다는 것이 얼마나 모진 일인지는 잘 압니다

의사 처방을 받아 2주째 보조제를 복용하고 있습니다
좌불안석입니다
목이 타고 가슴이 두근거리며
꿈자리도 뒤숭숭합니다
어떤 전조를 예감하고 있습니다

밤과 낮이 바뀌어 비몽사몽입니다
동네 공원 벤치에 앉아 깜박 졸았는데
―40년 넘은 인연 끊으려다
  인연에도 없는 우울증을 불러왔구나!
호통 소리에 화들짝 놀라 깨었습니다

담배 한 모금에 봄꽃들 난분분입니다

각성 覺醒

한 철 산중에 멈춰 있다
한 달 새 흰 수염이 덥수룩해졌다
손톱 발톱이 한 치는 자랐다

멈춰 있으니
내 몸이 자라고 있는 걸 알겠다
내가 성장하고 있는 걸 알겠다
비로소 몸이 각성하고 있는 것이다

함께 멈춰 있던 산이
갑자기 꿈틀거린다
봄꽃들이 산의 몸에서 터져 나오고 있다
번식을 시작한 것이다
멈춰 있던 산이 마침내 각성하고 있다

'그대'라고 부른다

'그대'란 말 못 했지
그땐 '그대'란 말 몰랐지
그냥 '거기'라고 등 너머 말로 흘려버렸지
흘러가 다시는 돌아오지 않는
'그들'

길 가다 예쁜 풀꽃 만났다
'그대'라고 불렀다
이제부터 만나는 사람들,
'그대'라고 부른다
지금 살아 있는 모든 것
'그대'라고 부른다*
살아서 만나는 세상 만유萬有
다가서 마주 보고
'그대'라고 부른다

* 조지프 캠벨의 글에서 착상, 변용함.

변명

비밀이 없다는 것은
재산이 없는 것처럼 가난하다고
시인 이상이 말했다
청탁이 와도 줄 시가 없을 때
은밀히 감춰둔 비밀이 없는 것처럼
시인은 가난하다
쌀독이 비어 끼니를 거른 적이 있는가
품은 시 몇 편도 없이
이 불황의 겨울을 넘자니
가슴이 시리다

하나 굶주림도 재산이다
배낭 가득 이면지를 넣고 떠나자
시 쓰기 좋은 곳을 알고 있다

성북동城北洞 168번지

떠돌이 셋방살이 등짐 풀어놓고
서울 하늘 아래 문패를 내걸었지
두 아이의 아비가 되고, 시인이 되고
그렇게 20년 머물러 또 무엇이 되고 싶었던 곳
성북동 168번지

서둘러 떠난 지 15년 만에
성북동 언덕길을 다시 오른다
길은 낯익고 집들은 낯설다
잘 있었느냐, 오래된 가로등아, 녹슨 우편함아,
내게 배달되지 못한 편지들아, 반송된 옛사랑아,
오늘은 산번지가 시작되는 언덕에 앉아
옛집 마당을 내려다본다
내가 외면하고 살아온 젊은 날의 균열이여,
갈라진 축대 틈 사이로 언뜻언뜻 어리는
삼사십 대 허방의 그늘이여

미안하다,
시간은 나를 휩쓸고 간 강물이지만
나 또한 강물 따라 흐르는 저녁 바람이었구나
그렇지 않다, 그렇다*
하늘 아래 내 것이라 잡아둘 집은 없다
머지않아 땅을 뒤엎는 광풍이 몰아치면
성북동 168, 지번도 지워지리라

나 또한 어느 집 불이었다가
캄캄한 어둠 되어 지워지리라
미안하다,
도둑고양이야, 땅강아지야, 쇠똥구리야, 애기똥풀아,
어디에도 나라고 할 만한 것 또한 없지 않느냐

그렇다, 그렇지 않다

* 불연기연不然其然 : 최수운의 『동경대전』, 然은 '그렇다'는 긍정적 의미.

두고 온 왕촌旺村

폭설에 산 밑 집이 갇혔다
보일러도 얼어 터져 냉방이다
외풍을 견디다 못해 이불 뒤집어쓰고 사나흘 버텼다
설핏 잠들면 바람과 별빛이 내려와
쓰다 만 시에 옷을 입혀주었다
눈이 녹고 길이 열리자 서둘러 왕촌을 빠져나왔다

봄이 오고 또 봄이 와도 왕촌을 찾지 않았다
마라도로, 가파도로, 갑사로, 백담사로 떠돌았다
옆집에서 전화가 왔다
산고양이가 내려와 마루 밑에 새끼를 낳고 살아요,
키를 넘는 잡초가 마당을 가득 채웠어요,
개구리에 벌레들만 우글거려요,
그래요? 주인이 바뀌었네요

동네 이장도 전화를 했다
주민등록 일제정비기간이라 거주를 확인해야 되는데 어

떡할까요.
　아차, 내 주민등록이 거기 있었구나,
　주민등록이 말소되면 내가 지워지는 건가

　사는 것은 채우는 것이요, 시 쓰는 것은 비우는 것이라며
　머무르는 것은 채우는 것이요, 떠나는 것은 비우는 것이라며*
　시골집을 버려두고 정처 없이 떠도는
　나는 지금 어디에 있는가,
　비비디 바비디부~ 옴 도로도로 지미 사바하!

* 노자의 『도덕경』 중에서 변용.

그렇지 않다, 그렇다

詩 쓰는 일이 하잘것없다는 생각이 들어 구겨버렸다
노래하는 게 심드렁해져 뒤끝을 흐려버렸다
그렇지 않다,
아프리카로 가자
케냐 고로고초 슬럼가
쓰레기 더미의 아이들이 모여 노래한다
떨림이다,
히말라야로 가자
네팔 마셀 오지 마을
끼니 거른 식구들이 손님 맞아
푸지게 대접하고 노래하며 춤을 춘다
울림이다
그렇다,
지순한 마음이 노래고 시다
詩의 다른 이름이 떨림이다
詩의 다른 이름이 울림이다

대표작

대표작을 보내달라는 전화가 왔다
대표작이라!
밤새 뒤적이다 다음 날 전화를 했다

대표작이 없습니다
내가 쓴 모든 시가 대표작일 수 있고
내가 쓴 모든 시가 대표작이 아닐 수도 있습니다

있는 듯 없고
없는 듯 있는 나의 시, 황홀하다
시인이며
시인이 아닐 수도 있는 나

모자

발이 시리다
발이 시리면
모자를 쓰자

보이는 마음이 몸이다
보이지 않는 몸이 마음이다*

몸의 열 절반이
머리로 빠져나갈 때
함께 빠져나갔는지

마음이 시리다
어디에 모자를 써야 할까

---

* 어느 도사와의 우문현답愚問賢答.

사람, 사랑

휴대전화기를 바꿨다
전화기 속엔 한 오백 명이 산다
새 전화기에 옮긴 사람들을
하나씩 불러내 본다
잠깐 멈춰 생각한다
누구일까, 어디서 봤던가,
이미 세상 밖 사람도 몇 있다

사람을 지운다는 건 중심에서 사라졌다는 것
중심 안의 사람이 사랑이다

잠깐 멈춰 생각한다
지울까, 말까

언젠가 내가 지워져도
당신의 중심에 있을 때
그 이름이 사랑이다, 시다

아내의 피아노

밖은 영하 십몇 도,
이런 날엔 꼼짝없이 아내의 피아노 연주를 들어야 한다
―따르릉 따르릉 비켜나세요
―무엇이 무엇이 똑같은가
아내가 손거울을 앞에 놓고 피아노를 친다
―펄펄 눈이 옵니다
―나리 나리 개나리 입에 따다 물고요
좌 충 우 돌
무딘 손가락을 이리저리 놀리다 보면
치매 걸릴 일은 없겠다
―학교 종이 땡땡땡 어서 모이자
손거울 속 아내의 얼굴을 바라보다가
손가락이 예쁜 여선생님의 풍금 소리 따라
산 넘고 내를 건넌다
―동무들아 오너라 봄맞이 가자
냇물에 고무신을 띄워놓고 냇가를 줄달음쳐
제 고무신을 빨리 건져 신는 시합을 벌인다

그때 강물은 너무 더디게 흘러갔으나
지금은 아내의 피아노보다 빨라 쫓아갈 수가 없다
피아노 소리가 지쳐 멈춘 어스름,
노루 꼬리만 한 겨울 햇살이 손거울 속에서 잠깐 빛난다
거기 어른거리는 내 얼굴, 일장동몽一場冬夢이구나

사진 속의 사진을 보며

몇 해 전 어머니 팔순 기념사진을 찍었다
어머니는 회갑 때 찍은 사진을 꺼내 가슴에 안고
우리는 양쪽에 둘러서서 사진을 찍었다

이듬해 어머니는 세상을 버리셨다
정중앙의 어머니를 꺼내 영정에 모셨다

사진 속에 사진을 안고 계신 어머니
사진 속의 사진을 들여다본다
시간 속의 시간이 보인다

나는 어머니가 버린 세상에 이렇게 살고 있다
우리는 누군가가 버린 세상에 남아
시간의 빈틈을 만들어 살다
미궁의 시간 속으로 떠날 것이다

인사동 사람들

내게 인사동은 적당한 거리다
누구와 약속해놓고 어슬렁거려도 반 시간 거리
약속 없는 날, 그냥 그 앞을 지나쳐도 좋지만
조금 궁금해 기웃거리다가
마지못해 들러도 좋다
주인마담이 이뻐서만은 아니다
동네 사랑방이라 치고 두세 사람 마주 앉아
객쩍은 소리 안주 삼아 마시다
적당한 시간에 일어서는 것이 좋다
혼자 청승맞게 독배 삼키는 것도 보기 흉한 일
그렇다고 동네방네 뒤섞이는 것 또한 꼴이 아니다
사람도 술집도 너무 가까우면 안 좋다
섭섭하지 않게
적당한 거리 어디쯤
사람과 술집이 있다는 것
동네 사랑방같이 오래 정겹지 않은가

ptop
2부

여름궁전
−몽골몽夢

세월이 참 예쁘다
사막의 꿈속에서 어느 칸이 지은
여름궁전이 세월이다
바람이 한여름 회랑 뒤꼍에서
빛의 알갱이를 지우고 있는 동안
세월이 팔작지붕 이끼를 쓰다듬고 있다
죽음도 삶도 아닌 듯한 죽음과 삶이
절반의 이름을 나눠 가진 복드 칸 궁*
겨울궁전 건너 여름궁전
내가 세월이다
제국의 쿠빌라이 칸이여,
죽어서도 살아 있는 부처 복드 칸이여,
초원의 꿈, 카라코룸 에르덴조로 가자

* 1893년과 1903년 사이에 세워진 궁전. 살아 있는 부처로 추앙받았던, 몽골의 마지막 왕 복드 칸이 20년 동안 살았다고 함. 겨울궁전과 여름궁전으로 나뉘져 있음.

비양고비 황조롱이
−몽골몽夢

어둑어둑
양 떼 몰고 염소가
사라지고 텅 빈
비양고비
황조롱이 한 마리
물끄러미 서 있다
물고 있던 먹이 내려놓고
불타는 사막의 노을을
바라보고 있다

등짐 풀어
내려놓고
모래언덕 너머
황조롱이 시선 너머
오르혼*
아득한 강 언덕을
오래도록 바라보았다

* 세계자연보호구역 아르항가이 산 동편 자락의 오르콘 강(오르혼 강)은 몽골의 옛 수도 카라코룸을 감싸며 서북쪽으로 흘러 러시아 바이칼 호에 이름.

새끼 염소
-몽골몽夢

새끼 염소가 따라온다
졸래졸래 뒤따라온다
미안하다,
어쩌다가 내가,

낮에 그걸 보지 말았어야 했다. 가죽 벗기고, 뼈 바르고, 살점 도려내는 원주민의 능숙한 칼놀림을. 그 저녁, 토야 아줌마와 뭉크트라 아저씨가 염소고기 바비큐를 내놓았다.

물어뜯는 게 볼품사나워 고기 몇 점 드는 둥 마는 둥, 게르에 돌아와 잠을 청했다. 빗소리를 내는 모래바람 속 누군가 문밖에서 울고 있다.

화들짝 놀라 낮에 찍은 사진을 꺼내 들여다보았다.

아뿔싸, 능숙한 칼놀림만 보았지 칼끝에 피 흘리는 네 어미를 보지 못하였구나.

뜬눈으로 지새우고 이튿날, 짐을 꾸려 엘승타슬하*를 떠났다.

따라오지 마라, 따라오지 마라, 미안하다,
네 어미를 잡아먹은 게 맞다.
초원 한가운데 물끄러미 서 있는 새끼 염소 한 마리,
백미러 안에서 지워지고 있다.

고도 8,000미터, 밤하늘을 도망치듯 날아왔다.
인천공항 먼 하늘가 염소자리에서 별똥별이 지고 있다.

* 울란바토르에서 차로 대여섯 시간, 사막 언덕과 초원과 호수가 있는 곳에 한국인이 경영하는 게르촌이 있음.

은제 나무 아래 울고 있는
―몽골몽夢

나무 한 그루 서 있었네
프랑스의 장인 기욤 부시에가 대칸의 꿈을 새겨
만안궁萬安宮 뜰에 세운 은제 나무,
다섯 마리 용의 입에서 포도주, 마유주, 꿀, 우유, 미주가
흘러나왔네
그 아래 울고 있던 여인 보이지 않네

성벽 허물어 절집 짓고, 굄돌로 108불탑을 세웠다네
불탑 위에 황금 휘장 소욤보 휘날리네
제국의 성이 라마의 불탑이 되어도
에르덴조엔 은제 나무가 없네

지금 여기는 몇 시인가
아버지에게 물려받은 은제 회중시계를 꺼내보네
태엽이 풀리는 방향으로 750년 거슬러 올라가 보네
쪽 찐 머리에 은비녀 꽂은 고려 여인,
108불탑을 돌고 도네

풀린 태엽을 감아 밥을 주네
미궁의 시간 속에서 울고 있는 저 여인과
밥 한 끼 나누고 싶네
한국식 비빔밥이면 좋아하겠지

고행苦行과 만나다
-티베트 순례 기행

*

꺼얼무에서 라싸로 넘어가는 탕구라 고갯마루에서
한 가족을 만났다
가장 높은 성산에 도달하기 위해
부처의 집에 마음 바치기 위해
이마를 땅바닥에 대고 대지와 입맞춤하는
五體投地 苦行家族
5,231미터 산정 타르초에
해진 옷을 걸어놓고 머리카락도 조금 잘라 던져놓고
고통에 감사한다
곤륜산 너머에서 왔을까, 수미산을 넘어왔을까,
묻지 않았다
비굴하지 않게 거룩하게 무릎 꿇어보았는가
내게 물었다

빈 들녘에 룽다[風馬]가 펄럭인다
새로 태어나는 바람에게 내 바람을 적어

말갈퀴 휘날리는 깃발에 걸었다
삶과 죽음이 바람이라고 날숨 들숨 사이에서 되뇌다
바람의 나라에서 잠이 들었다

*

히말라야 설산 눈부심 앞에 경배하고
조캉 사원 바코르 광장 순례 인파 속에 선다
서서 걷는 것이 깨진 유리 파편 위를 걷는 고행이다
고통은 내 몫이지만 삶으로 나누어 가질 수 있을까

사람들은 한 손으로 마니차를 돌리고
또 한 손으론 염주 알을 굴리며 걷는다

인파 속에 서 있는 한 아이
광장에 몸을 던져 오체투지를 하다 일어나
사방을 두리번거리며 손을 내민다
한 무리 인파가 빠져나간 광장에

아이와 내가 물끄러미 서 있다
돈을 받기 위해 오체투지하는 척
인기척에 놀라 공부하는 척
아이와 내가 같은 길을 걸어온 것은 아닐까

*

조캉 사원 주니퍼 향로에 향초를 던지며
아직 당도하지 않은 고행가족苦行家族을 기다린다
누가 보아주지 않아도 박수 쳐주지 않아도
누가 시인이라 불러주지 않아도
노래하고 춤출 수 있기를
무릎 꿇고 타오르는 불길에
나를 던져 넣었다

얄룽창포 강을 건너며
-티베트 순례 기행

고원의 시간은 라마승의 발걸음으로 흘러내린다
암드록초 호수에서 얄룽창포 강가 나루터까지
라마승의 발걸음 따라 흘러왔다
빗속에서 우리를 기다리는 나루터 목선
강 건너 피안까지 몇 시간이냐고 묻지 않았다
다만 겸허하게 엎드려 배를 밀고 가는 강물을 보고 있다
지금 우리는 강물에 발을 적시며
강물과 함께 한몸으로 흐르고 있지 않은가

붉은 고깔모자를 쓴 어린 수행자도
코담배를 권하는 할머니도
한배를 탄 도반道班이다
측백나무 숲 사이로
강 건너 언덕의 깃발이 눈에 들어온다
나뭇가지에 붉은 천이 걸려 있고
돌무지엔 까닥이 펄럭인다
해 뜨기 전 토막 낸 몸을
물고기 밥으로 주는 수장水葬 의식,

삶과 죽음이 천 조각 흩날리듯 가볍다

불생불멸不生不滅을 믿는가
환생은 믿지만 불멸은 믿지 않는다
누더기 삶을 벗어던지면
물고기로 몸을 바꾼들 무엇이 애처로우랴
삶 밖에 극락과 지옥이 있고
나는 지금 여기에 있다
멀어지는 수장 터를 향해
강 건너 사메 사원을 향해 합장하고
불경 끝자락을 진언한다
―산 자도 죽은 자도 저 강을 함께 건너게 하소서*

거듭남을 관장하는 알룽창포여,
다시 사람으로 태어나지 못한다면
나는 무엇으로 몸을 바꿀까

* 반야심경 끝 구절을 풀이한 것임.

야크에 관한 명상
―티베트 순례 기행

> 시간과 공간은 사람이 움직이는 방향과
> 속도에 비례해 달라진다.―아인슈타인

 황량한 들녘, 들풀보다 많은 야크 무리는 이곳이 서장자치구가 아니라 태초의 나라 티베트라고 말한다 그렇다, 중국 땅 베이징에서 티베트 땅 꺼얼무를 거쳐 해발 5,072미터 탕구라 고원을 넘는다 야크 무리와 더불어 티베트의 심장 라싸까지 4,064킬로미터 47시간을 간다.

 원주민 마을의 아이들은 야크 똥을 굴리며 놀고 아낙네는 야크 똥을 말리고 있다 집집마다 똥 담장, 그렇게 예쁜 똥을 본 적이 없다.

 열 지어 5,000미터 설산 등성을 오르는 야생 야크들, 고삐에 매인 채 곱게 치장되어 남초 호숫가의 관광 상품이 된 야크들,

 야크 떼를 따라 고원에 텐트를 치고 사는 유목민과 야크를 미끼로 돈벌이를 하는 호객꾼,

 야크의 움직이는 방향과 속도에 비례해 사람의 운명이,

사람이 움직이는 방향과 속도에 따라 야크의 운명이 바뀐다.

호숫가 야크의 방향은 편도 5위안 왕복 10위안. 나는 야크의 속도를 빌리지 않고 걷는다.

사내는 고삐를 당기고 야크는 버둥대다 물 한 모금 마시곤 주저앉는다.

돈벌이가 시원치 않아 땅바닥에 벌렁 누워버린 주인 곁에 무릎 꿇고 앉아 눈을 감는다 묵상이다. 저 야크가 내세에 라마승으로 태어나지 않으면 무엇이 될 것인가.

산정 돌탑 위에 놓인 야크 뿔을 보고 라마승에게 한 것보다 더 허리 굽혀 절한다.

포탈라 궁 천 개의 방에선 야크 기름 촛불이 타오르고 있다 죽은 자와 산 자가 함께 사는 방을 지키고 있다 배고픈 자에게 고기와 기름을 주고 추운 자에게 가죽과 털을 주고 마침내 천 개의 불을 지피며 야크는 승천한다.

들어갈 때 보지 못한 황금 야크상을 포탈라 궁을 나올 때 보았다.*

수많은 라마승이 네팔과 인도로 떠난 티베트 땅에서 몸과 마음으로 성자의 삶을 보여주고 있는 야크.
 깡마른 몸에 슬픈 눈을 가진 현세의 야크, 내세의 라마승을 나는 보았다.

* 고은 시인의 시 차용.

제주 돌담

올레길 돌담이 끄떡없다
대처大處의 높은 담벼락은
돌풍에 힘없이 쓰러졌다는데
구멍 송송 제주 돌담은
태풍에 맞서 끄떡없다
아니다,
제주 돌담은 바람에게
길을 내준 것이다
사나운 빗줄기를 온유하게
쓰다듬고 있는 것이다

장맛비 잠시 물러간 사이
돌담을 끼고 올레길을 걸으며
눅눅한 몸을 거풍한다

포대 화상 布袋和尙을 메고

라싸 빠랑지에 노점 한구석에 누워 있던
배불뚝이 걸승 포대 화상
바리때 하나 들고 포대 하나 메고
탁발하러 온 것일까 보시하러 온 것일까

오늘은 내가 포대 화상을 메고 간다
는개 내리는 올레길을 비옷 입고 간다
—배낭 끝에 나를 매달고 어디 가느냐
—스님, 길가의 민들레, 바위틈의 패랭이꽃을
  스님께 보여드리렵니다
  꽃이 시가 되면 그것도 제겐 보시니까요
—네 눈엔 피는 꽃만 보이느냐
  그렇다면 네게 시 한 구절 보시하마
  만물이 다 함께 자라나고 있지만
  나는 오히려 그 돌아감을 본다*

그렇다,

삶으로 끝나는 삶이 없듯

내닫던 걸음 멈춰 돌아가지 않는 길은 없다

* 『노자老子』 제16장 중에서.

수월헌행水月軒行

서부해안도로를 쉬엄쉬엄 돌고 돌아
육거리에 내리면
고산성당 마리아 곁에
겨울 동백 한창입니다
성모님, 올레 12코스 엉알* 길이 어딥니까,
수월봉 큰 바위 낭떠러지 아래에서
차귀도로 지는 해 잠깐 보다가
날 저물기 전 한장동 마을회관을 찾아가세요
서울에서 가끔 내려와
빈둥빈둥 혼자 놀다 가는
수월헌 백수 광부 집이 보일 거예요

오늘은 봄볕 좋아
시골 버스 타고 나들이 갑니다
모슬포 선착장에 마라도 가는 여객선 발이 묶였고
산방산이 바다 안개폭에 안겨 빙글빙글 돕니다
군물왓, 일과이리, 덕수리동동 동네방네 빙글빙글 돌아

서귀포 터줏대감 한 시인 만나러 갑니다

외돌개 낙조 깔고 앉아 주거니 받거니
한라산소주 거나해져
너영나영 둥그레당실 이리저리 비틀거리면
올레길이 바다고 바다가 집입니다
수월봉, 차귀도가 밤바다에 떠갑니다
너영나영
봄 바다에 떠가는 독거섬입니다

* '큰 바위 낭떠러지 아래'라는 뜻의 제주 방언.

메아리의 중심에서

새들이 소리친다
가자, 가자, 메아리가 온다
쥐며느리들은 돌 틈으로 숨어든다
뱃길도 하늘길도 끊겼다
지금 떠날 수 없다면 돌아갈 수 없다면
근심하지 마라

집은 고요하다
옆집 독거노인이 고요하다
태풍의 눈에 마음 둔
내가 고요하다

밤새 동침한 메아리를 떠나보내고
맞는 새벽
새들이 벌레들이 돌아온다
눈부신 고요 속
마당가 돌 틈에

풀꽃 하나 고개 내민다

어제와 다른 풍경을
청정 메아리로 남기고
태풍이 사라졌다

솔아티* 민박집

동학사에서 계룡산 넘어 갑사
솔아티 민박촌 해 질 녘
서울민박 옛 할머니 아직 살아 계시다
한 며칠 묵어갈래요
할머니는 안방에, 나는 건넌방에
주인 하나, 손님 하나
겨울 민박집은 적요하다
별 하나, 나 하나,
방 둘, 사람 둘,
밤새 술래잡기하다 잠에 들면
어제의 것들이 멀고 아득하다
앞뒤 순서가 없다
가까운 것들은 멀어지고
먼 것들이 가까이 다가오는
솔아티 민박집
방 한 칸 내 그림자 속
무명無明의 예감을 본다

한방 가득하다

* 갑사 민박촌 송하치松下峙 마을의 우리말 이름.

신라의 달밤

경주 사는 석공 윤만걸은
달밤에 석수질을 한다
대낮에는 돌의 속이 보이지 않기 때문이다

낮에는 폐사지에서 놀다
밤에 남산에 올랐다
탑곡 마애불들이 밤에 더 예쁘다
돌로 돌을 쪼아내고 있는 신라의 석공
거친 돌의 숨소리가 남산에 가득하다

달밤에 석공이 돌을 마르듯
마음으로 마음을 쪼아
시 한 편을 마른다
달밤에 뾰족이 솟아난 마음 한쪽이
이슬에 젖고 있다

진저리 치다

우금티 넘어 뱁새울 가는 길
장대비 그치고 된새바람 분다
화냥년속고쟁이가랑이* 진저리 친다
속을 들여다본다
요상하게 생겼다
젖은 속고쟁이 입고 누워
다리는 하늘로 뻗어 올려 진저리 친다

고마나루 뚝방 길에 지천으로 핀
화냥년속고쟁이가랑이
날 저물어 꽃문으로 들어간다
비거스렁이** 몰려오는 저녁 어스름
연미산이 진저리 친다

* 은방울꽃의 속명.
** 비가 갠 뒤 바람이 불고 서늘해지는 현상.

3부

소리 한 잎

상도리 돈돈 닷돈
도리도리 돈돈 닷돈*
소리 한 잎으로 살을 푼다
솥뚜껑을 빗자루로 쓸어내린다**
소리 한 잎에 맺힌 이슬을 털어낸다
늙은 사람 죽지 마소
젊은 사람 늙지 마소
삶과 죽음이 소리 한 잎에 매달려 있다

* 진도 씻김굿 중 '살풀이 구음'.
** '이슬 털기'.

독거노인
- 구룡마을*

할머니 참 편안하시다
더 낮아질 것도 없는 자리,
겨울 햇살에 성경책을 읽고 계시다
인기척에도 무심이다

판잣집 보온 덮개가 펄럭인다
넝마 같은 세월
시간의 책장을 넘기신다
몇 장 몇 절까지 왔을까
빈손으로 여기까지 왔으니
성경책 한 권으로
남은 생 족히 거둘 수 있겠다

---

* 강남구 개포동 570번지 일대, 영세민들의 무허가 판자촌.

보온 덮개
−구룡마을

가리개를 쳐 숨기고 싶은 마을이 있다
사람이 산다는 것을 잊고 싶은 마을이 있다
서울시 강남구 개포동 구룡산 자락 구룡마을
두 평 남짓 판잣집이 보온 덮개를 덮고 있다
다닥다닥 1,600개 보온 덮개를 뒤집어쓰고 4,000명이 붙어 산다
주민등록부에 없는 사람들이다
가옥대장에 없는 집들이다
집이 아니다, 사람이 아니다
이곳에선 집도 사람도 그냥 보온 덮개다
석면을 뒤집어쓰고 사는
보온 덮개 속 보이지 않는
사람, 사람, 사람들

연탄재와 분뇨
−구룡마을

길 건너 타워팰리스엔 없는 것이
이 마을엔 있다
매일매일 쌓이는 3,000장 연탄재,
길 건너 타워팰리스에 있는 것이
이 마을에도 있다
매일매일 쏟아내는 4,000명분의 분뇨
분뇨가 분노로 발효되어 끓어오르는 날
그들은 비로소 유령에서 사람이 되리라
그때
길 건너를 향해
살아 있다고, 살아 있다고
던지며, 뿌리며 소리치리라

마음 구멍

보셨습니까
백담사 경내에
구멍이 있습니다
마음 구멍입니다
밖에서 보고 안에 들어가 보고
바로 보고 거꾸로 보고
흔들어 봐도
보이지 않습니다
마음 구멍은
보이지 않는 몸일 뿐입니다

지하철 귀뚜라미

차 끊긴 지하 4층 서울역,
어디선가 귀뚜라미 운다
유랑길 내 배낭에 묻어 온 것일까,
먼 산골에서 상경해 길을 잃고 헤매다
따라온 것일까

귀뚜라미는 열차 침목 사이 자갈돌 틈에서 운다
열차 바퀴와 레일이 마찰할 때 생긴 열을
자갈들이 머금고 있는 곳
과자 부스러기 널려 있으니
배곯지도 않겠다
잘 자거라,
따스한 자갈돌 하나 손에 넣고
그 자리에 빵 한 조각 남겨둔다

지하 2층에서도 귀뚜라미들이 소리 없이 운다
라면 박스에 등 대고 신문지로 얼굴 가린

길 귀뚜라미들,
지상엔 붉은 머리띠 두른 광장 귀뚜라미들,
입동이 지나도 아랑곳없이
지하철 근처에 모여 새된 소리로 울고 있다

전광판엔 '내일 지하철 파업!'
지하철이 끊기면
지하 4층 귀뚜라미들이 제일 타격이 크겠다

관 속에 누워

'죽음 체험 프로그램'에 참가했다
관 뚜껑이 덮이고 못질하는 소리가 들렸다
소리에 안겨 얼어붙은 강을 건너
어디론가 떠다녔다
깊은 동굴 속에서 울려오는 어떤 부름에
의식의 마디마디가 꺾인다
내가 가볍다

누구나 죽는다
나는 죽지 않는다는
나는 늙지 않는다는
덫을 푼다

죽음이 삶을 본다
삶이 죽음을 본다
관 뚜껑이 열리고
어둠이 다시 삶을 일으킨다

관 뚜껑에 못질하는 소리,
몸을 내리치는 쇠몽둥이였나
오랜 잠에서 깨어나는 맑은 종소리였나

부처 보시

마라도 안 보살에게 약사여래 모신 목걸이를 걸어주었다. 티베트 승려가 인사동 고물상에서 노잣돈으로 바꿔 간 것을 내가 되산 것이다. 곁에 있던 시인이 물었다.

형님, 애지중지하며 자랑하던 걸 왜 주었소, 술김에 여자 꼬이려 수작 부린 것 아니오?

아니다.

몸에 지닌 것 남 주기 좋아하다 보니 주머니에 남아도는 게 없다고 어느 스님이 사주를 짚어주긴 했지만,

그건 아니다.

서울 큰 병원까지 와 여자의 궁宮을 들어냈으니 얼마나 허전하겠니, 그래 빈 궁을 좀 채워주고 싶었다.

그것도 아니다.

약사여래가 누구시더냐, 그분 약덕이 멀쩡한 나보다 병객病客에게 더 먹힐 거 아니냐.

그래, 그렇다.

본디 부처에 내 부처, 네 부처가 있더냐, 부처도 사고팔고, 되사고 되팔다 보면, 어디서 무엇이 될지 누가 아느냐,

부처가 내게서 떠나 떠돌듯 그렇게 나도 한 철 떠돌다 보면 무엇이 되어 어디서 만날지 누가 아느냐?

  이렇게 근사하게 말해놓고 보니 내 속이 훤히 들여다보인다.

꿩꿩 장서방

나이 백다섯 된 집안 어른이 돌아가셨습니다.

여든다섯 아드님과 여든넷 며느님이 상주. 목회자인 장손자와 신도들이 둘러앉아 추도 예배 중인데, 뜬금없이 상주 며느님이 벌떡 일어나 웬 노래를 불러댑니다.

"꿩꿩 장서방 무얼 먹고 사나"

좌중은 한바탕 웃음판이 되고, 아드님이 안절부절못하는 게 보기에 민망했으나 호상에 흉은 아닐 듯합니다.

하지만 속사정이 궁금했지요.

백다섯의 시어머님은 돌아가기 전까지 여든넷 며느님의 치매 수발을 드셨다 합니다.

며느님이 기억의 끈을 놓지 않게 매일같이 찬송가를 부르셨는데, 치매 오기 전까지 함께 불렀던 찬송가는 깡그리 잊고, 어린 시절 동무들과 불렀던 놀이 노래를 기억해냈다는 겁니다.

치매가 가까운 과거부터 차례로 지워나가 마침내 어렸을 적 먼 과거로 돌아간다는 말은 들었지만 눈앞에서 목도하니 어안이 벙벙했어요.

"꿩꿩 장서방 무얼 먹고 사나"

당신이 떠나기 전, 며느님이 어린 시절 기억만이라도 꼭 잡고 있으라고 매일같이 이 구전동요를 함께 불렀던 영정 속 저 시어머님이 참 장한 장서방이 아니겠습니까.

날 저물어 시어머님은 하늘나라로, 며느님은 어린 날로 돌아가고, 나는 집으로 돌아갑니다.

"꿩꿩 장서방 무얼 먹고 사나"

신현정나무

나무 아래 그를 앉히다
양평 하늘숲공원 6-61-B
등 굽은 소나무 밑동에 눕히고
가랑잎 긁어모아 덮어주었다
막걸리 한 잔 붓고
흰 국화 한 송이 그 위에 눕혀 놓았다
저무는 가을 햇살이
내 그림자도 거기 눕힌다
신현정나무 한번 껴안아주고
산비탈을 내려오다 문득,
돌아본다
솔방울 하나 툭, 떨어져
떼구루루 굴러와 나를 따른다

거기 있거라
한 철 누워 있다 봄이 오면 일어서거라
등 굽은 소나무로 사는 일이,

앉지도 눕지도 못하고 밤에도 서서 사는 일이
시 쓰는 일보다 더 힘들랴

오규원나무 김영태나무

바다로 가는 길과 산으로 가는 길이 갈리는 곳에서
산으로 길을 잡았다
강화도 전등사 뒷산,
등산로를 사이에 두고 두 시인이 명찰 달고 서 있다
'물푸레나무 그림자 같은 슬픈 여자'를 사랑했던 오규원 시인은
70년생 소나무로,
'내가 부르는 너의 이름은 고독'이라던 김영태 시인은
200년생 느티나무로 서 있다

시인의 적멸궁寂滅宮이여
다시 나무로 사는 일이
이렇게 적정寂靜일 수 있으랴
그림자 속 텅 빈 어둠에
한 잔 술을 붓고 담배 한 대 피워 올렸다

가랑잎 긁어모아 맨살 드러낸 밑동 덮어주며 생각한다

삶과 죽음의 갈림이
날 저물면 밤이 되는 것과 무엇이 다르랴
어둠 휘젓는 곤줄박이 울음소리가
전등사 저녁 예불 소리에 묻혀 밤바다로 떠간다
나무화장세계해南無華藏世界海*

내가 부르는 시인의 이름이 오늘은 고적하구나

* 화엄경 약찬게 중 한 구절.

시인의 직업

김 아무개 시인

신인상에 당선돼 직업을 물으니 멈칫거리다

어느 절 비구니 스님 밑에서 시중든단다.

비구니 스님 밑 시중이라?

그러다 저러다 명리 공부 좀 해서 사주카페 차리는 게 꿈이었는데,

때맞춰 경제 위기라 동네 심마니 따라다니며 한세월,

이번엔 억수로 재수 좋게 경로당 임시 관리직을 얻었단다.

그렇지, 노인들과 노는 게 비구니 스님 밑 시중보다야 낫지.

주 5일 근무라 주말도 찾았으니 좀 예술적이고 창의적인 일을 해보고 싶단다.

노인들 영정 사진 찍어주는 일, 거참 좋은 생각이다 싶어 카메라 하나 사주었더니 그 값으로 산삼을 내놓았다.

그래, 산삼 먹고 회춘할 테니, 너도 영정 사진 잘 찍어보라고 격려했다.

그런데 한 가지, 저승꽃 속에서 살아 있는 표정 잡아내

는 거 잊지 마라.
 그래야 생전에 너와 인연 맺은 영정 귀신들이 너를 먹여 살릴 테니까.

대리 기사와 시인

술 취하고, 노래에 취하면 그 외의 건 모두 잊는다.
동백 아가씨 한 자락에 목메어 그가 주저앉는다.
대리 기사를 불러 선돈 3만 원을 주고 태워 집에 보냈다.
다음 날 전화가 왔다.
어디서 어떻게 왔는지 도무지 기억이 안 나는데,
집 안의 돈 천 원짜리까지 톡톡 털어
기사에게 준 것만 어렴풋이 기억난다는 것이다.
착불로 보낸 택배도 아닌데 양쪽에서 돈을 챙겨,
전화를 추적해 따졌다.
이중 부당 요금, 불법 아니오?
그가 천만의 말씀이라며 기막힌 사연을 털어놓는다.
집에 가보니 문이 잠겼어요. 부인과 겨우 통화가 됐는데,
마당에 팽개치고 가지 말라고 부탁해
숨겨놓은 열쇠 찾아 문 열어 부축해 방에 뉘었더니
갑자기 벌떡 일어나 발목을 잡는 거예요.
가지 말라며 술 마시라기에 못 마신다니까
그럼 노래라도 하라 해 동백 아가씨를 불렀더니,

비틀비틀 일어나 끌어안고 따라 부르며 춤을 추더군요.
그렇게 꼼짝없이 잡혀 한 시간 넘게 영업을 못 했는데,
그게 부당 요금입니까?
하, 짐작이 간다. 그래도 남자 기사인 게 다행이지,
안 봐도 비디오. 킬킬 웃음이 나왔다.
나도 동백 아가씨 한 소절 흉내 내봤다.
잘 안 된다. 아무나 안 되지.
아무리 술 취해도 노래 값과 술값 도맡아 계산하겠다는 이 아무개 시인,
취흥에 겨워 남녀노소 가리지 않고 뽀뽀하자고 달려드는 이 아무개 시인,
이 풍진 세상에 아무나 그럴 수는 없지,
—곰곰이 생각하니 세상만사가 춘몽 중에 또다시 꿈같도다—

껌값

돈암역 5번 출구
곱게 나이 든 할머니가 껌을 판다
아직도 겨울 스웨터를 입고
돌기둥에 기대 앉아 껌을 판다

오늘은 큰맘 먹고
천 원짜리 한 장 놓고 그냥 가려는데
뒷덜미를 잡듯 할머니가 부른다
껌을 가져가란다
구걸이 아니라고, 공돈은 안 받는다고

죄송합니다,
지하철 한 귀퉁이에 몸을 숨겨 껌을 씹는다
천장에 매달린 이동방송 화면에
공돈 받은 사람 이름이 줄줄이 뜬다
껌값이 아니로구나,
흔들리는 화면에 할머니 얼굴이 겹친다

고맙습니다,
껌 두 통, 천 원
천 원의 단물이 빠질 때까지 씹고 씹으며
한동안 어둠 속에서 몸을 낮춘다
나도 공돈을 좀 받은 적이 있는데

평상에 관한 비망록

내게 오래된 평상 하나 있었네.
등 대고 누우면 뼈와 살이 맞물려 바퀴처럼 돌고,
마모된 시간의 틈새에선 잠이 솟아나왔지
마파람 안고 뒹굴 때마다 삐걱이는 소리 들렸어
어긋난 시차를 살아온 할아버지와 아버지의 몽환적인 삶이 엮인
대나무 평상
시간 밖 내 삶이 거기에 살 하나 덧대어 엮이는 것 같아
벌떡 일어나곤 했지

나 다시 평상에 누울 수 없네

관도 없이 대나무 평상에 누워, 수의도 없이
괴색 가사 걸치고 떠나시는 스님 좀 봐,
시오 리 산길, 문도들의 무등 타고 가며 가며
꽃 짓고 나비 짓고 구름 지어 함께 놀다가
날 저물어 불 속으로 돌아 들어가시네

지따지따 지리지리 빠다빠다*

평상이 죽비 되어 내 등을 내리치니
더는 누울 수 없어 시렁으로 바꾸려 하네
네 귀퉁이 삼줄로 잡아매어 키보다 높게
천장 아래 시렁가래 매달아 놓았네
그 위에 아무것도 올리지 않고
그냥 바라만 보다가 어느 봄날 때 되면
올라타고 봄나들이 가려 하네
지따지따 지리지리 빠다빠다

---

* 불설소재길상다라니경 중 한 대목.

반값

지리산 자락 산골 마을에
현수막이 걸렸다
'오수장례식장 개장 기념 50% 세일'

사람값도 반 토막 난 세상에
어느 집 노인 저승길 노잣돈
반값 받고 떠나겠구나

아니할 말로,
아비어미 반값에 떨이할 놈들,
그곳으로 보낼까 보다

4부

건배

술자리의 건배 구호를 바꿨다
"하자, 주자, 배우자!"
후배들이 재밌다고 따라 하는데
한 녀석이 벌떡 일어나 대든다
술자리에서 배우자는 안 어울린다며
"하자, 주자, 먹자!"
고~얀지고, 먹긴 뭘 먹어!
선배 작품을 함부로 개작해!
내 말은, 할 수 있을 때 하고 싶은 일을 하고,
받아먹기만 했으니 줄 수 있을 때 주고,
아랫사람에게도 배울 건 배우자는 거야!
그게 건강하게 사는 비결이야!
모두들 박수 치고 잔을 높이 든다
다시 한 번
"하자, 주자, 배우자!"

금연 구역

아들이 내 방 벽에 경고 스티커를 붙여놓았다
붉은 동그라미에 붉은 줄이 그어진
'금연 구역' 스티커
흡연에 핏줄이 막힐 수 있다는 의사의 경고 때문이다
졸지에 내 방이 금연 구역으로 지정됐다

몰래 담배 몇 갑 비상식량으로 챙겨 넣고
배낭 메고 집을 나왔다
울기 좋은 곳으로 지정해놓은
화포포구를 찾아갔다
역시 담배를 피우기도 좋은 곳이구나
노을 지는 뻘밭 물길 따라
담배 연기가 길을 내며 멀어져 간다
핏줄은 막힐 수도 있다는데
물길은 뻘밭에서도 막히는 법이 없구나

허름한 민박집 쾨쾨한 연기에 묻혀 며칠 뒹굴다가

짐 싸 들고 상행선 밤차를 탔다
새벽 용산역 노숙자들 틈에 끼어 담배 한 대 뿜어냈다
이제 내 금연 구역으로 돌아갈 차례

담배 끊으면 일망, 술 끊으면 이망, 여자 끊으면 삼망,
곡기 끊으면 사망이라는데
일망도 못 하고 살다
어느 날 누군가가
내 몸에 금연 구역 스티커 붙이는 것 아냐?

무한 질주

말들이 뛴다
흙먼지 박차고, 바람 가르며
순간 최대 시속으로 몸을 날린다
대오를 이룬 편대비행의 무중력, 무한 질주,
순간, 경주마 한 마리가 기수와 함께
3D 화면 밖으로 튕겨 나간다

부러진 다리 끌고 기수 쪽으로 다가가는 말
긴 혀로 기수의 머리를 핥아준다
눈물 그렁그렁한 경주마의 눈
화면 가득하다

말은 버둥거리다 끝내 쓰러진다
긴급 출동한 사고처리반,
사방을 흰 천으로 가린다
(페이드아웃)*

함성, 무겁게 가라앉고
한줄기 소나기가 지나간다

(페이드인)**
찢어진 마권,
회오리바람 타고 하늘로 날아오른다
무한 천공,
흰 구름 간다
다리를 절며 절며 말이 간다
천천히 천천히 함께 간다

---

* fade-out : 용암. 화면이 점차 어두워져서 깜깜해지는 일(F.O).
** fade-in : 용명. 화면이 점차 밝아지는 일(F.I).

흘레

개를 놓고 가족회의를 했다
개도 생물인데 세상에 와서
새끼는 남기고 가야 하지 않겠나
아들딸은 반대, 아내는 묵묵부답
찬성 하나에 반대 둘, 기권 하나
옳아, 직권상정이란 것도 있지 않나
분란의 소지는 일단 접어두자
아이들이 출근한 사이 아내의 묵인 아래
동물병원으로 달려갔다
종견 값 15만 원을 주고 흘레를 했다
'개는 거시기 값을 받는데 사람은 뭐야!'
속으로 중얼거리며 서둘러 집으로 왔다
한데, 일찍 퇴근한 딸아이에게 들키고 말았다, 아뿔싸!
"아버지, 뭐 하고 오시는 거예요!"
퉁명스럽게 다그친다
"아니, 내가 뭐, 한 게 아니고
개가 뭐 했는데!"

동물성動物性, 할!

흘레 한 달 만에 삼순이 배가 불러왔다
초음파 검사 결과 새끼 세 마리가 들었단다
삼순이 배에 손을 얹고 지그시 눈을 감았다
꼬물꼬물 생명의 알갱이들이 만져진다
부석사 무량수전 배흘림기둥을 얼싸안고 있는 느낌.
언 땅을 녹이며 오는 저 바람의 붉은 유혹이여,
할喝!

곁에서 지켜보던 아내가 한마디 내뱉는다
얼씨구, 애들 임신했을 때 내 배 한 번 만져나 봤나!
아무리 머리 굴려봐도 배불뚝이 아내의 배를
만져본 기억이 없다
신생의 복받침에서 터져 나오는 떨림을 그때는 몰랐다
미안하다 아내여.
이제 와서 어쩌자고,
할喝!

무녀리

삼순이가 새끼 네 마리 낳았다
두이레에 눈 뜨고 삼칠일에 귀 열리고
한 달 만에 뒤뚱뒤뚱 걷는다
강아지 사 남매, 일보리, 이보리, 삼보리, 사보리,
달포 지나 날 풀리면 남의 집에 보내야 한다

한밤중 삼순이가 새끼 한 마리 물고 내 방으로 온다
다른 놈들에 치여 제대로 얻어먹지 못한
일보리 무녀리,
내 곁에서 젖 먹여 재운다
측은지심惻隱之心이, 보리심菩提心이 별거냐,
그래, 삼순아,
일보리 무녀리는 네 품에 남겨두마

육 남매 상머리에 언제나 1번이었던
무녀리 나,
그때 내 어미도 나를 그렇게 거두었지

가을엔 개도 외롭다

삼순아, 가을이다, 그치!
저 아래 햇살 밟고 오는 애들 보이지
바람이 밀고 가는 할머니, 휠체어 바퀴 자국 좀 봐!

10층 베란다에 쪼그리고 앉아
삼순이와 가을 구경 한다
코를 벌름거리며 바깥 냄새를 맡는다
코의 미세근육이 파르르 떨린다

혼자 집을 보는 오후
아니, 집을 지키는 잔광 속 삼순이와 나
코 맞대고 눈 맞추고 앉아 있는 그림자 둘
눈만 껌벅거린다
내 몸의 미세근육도 파르르 떨린다

가을엔 너 나, 모두 짐승이야
바람에 오고 가는 연緣의 홑씨일 뿐이야

강아지 분양받을 분에게

 요즘 강아지 네 마리와 노는 게 낙이라면 낙입니다.
 먹고 마시고 자고, 잠 깨면 오줌똥 누고, 걷고 뛰고 넘어지고!
 휴지와 걸레 들고 뒤를 따라다니며 닦고 치우고 손 씻고,
 그렇게 겨울 하루해가 갑니다.
 노는 데도 노동의 대가가 따르는 법이지요.
 한데 손에 물기 마를 날 없으니
 이러다 주부습진 걸리는 거 아닌지 모르겠습니다.

 그렇다고 '개판'일 거라고 지레짐작하진 마십시오.
 어제와 오늘이 다르고, 내일이 새로울 거라는 확신을 '개들 세상'에서 예감하고 있으니까요.
 그러다 보니 내가 강아지인지, 강아지가 나인지 분간이 안 가 그게 탈입니다.

 약속대로 강아지 한 마리는 보내드릴 테니
 어린 것들 놓고 저잣거리 좌판에서 물건 고르듯 흥정하

진 마십시오.

예쁜 놈, 좋은 놈이 태어날 때부터 정해진 것은 아니더군요.

인연 값은 받지 않겠습니다. 결국 '개값'이 될 테니까요.

내게 온 좋은 인연을 누군가에게 새로 맺어주는 것 또한 보시가 아닐까요.

병들어도 절대 버리지 말 것,

내가 지어준 이름 보리菩提로 불러줄 것,

두 가지만 내게 약속해주십시오.

라그리마*

호스피스 병동
5퍼센트의 눈물로 남은
30대 말기암 그녀
―소원이 있어요,
 물 한 잔 시원하게 마시고 싶어요.
눈물나무** 아래 앉아
그녀의 눈물 한 방울
타 마신다

---

* Lagrima, '눈물'이라는 뜻의 커피. 95%의 커피에 눈물만큼의 우유 한 방울을 넣는다고 해서 붙여진 이름.
** 아메리칸 드림을 꿈꾸며 목숨을 걸고 국경을 넘었던 멕시코 불법 이민자들의 삶을 그린 카롤린 필립스의 성장소설. 임시 정착지에는 갖은 사연으로 흘린 사람들의 눈물을 먹고 자라는 '눈물나무'가 있다고 함.

몽유도夢遊圖 1

삼순이는 온종일
나만 따라다닌다
담배 한 대 피우러 베란다에 나가면
앞장서 창가에 앉는다
창문 열어젖히고
봄 하늘에 연기를 뿜어내는 동안
삼순이는 콧바람 쐬며
바깥세상에 골똘해 있다

유치원 아이들이 노랗게 줄지어 간다
삼순이도 그 뒤를 쫄랑쫄랑 따라가고 싶은 모양이다
나도 따라가고 싶다

흐드러진 꽃들 몽환적이다
먼 산 잎들 꼬물꼬물 피어나고 있다
담배 한 모금에 봄날이 가고 있다
삼순이가 곁에서 졸고 있다
사몽비몽似夢非夢이다

몽유도 夢遊圖 2

베란다에 나가
쪼그리고 앉아 담배를 피운다
창밖 저기 화단 나무 아래
누굴까 나와 똑같은 폼으로 쪼그리고 앉아
담배를 빨고 있는 저 사내
한동안 하늘만 올려다보고 있다
참 어이가 없다
고개 한 번 가로젓는 그 어깨 위로
라일락꽃 지고 있다

어이없는 일
흙 묻은 바지 털듯 그냥 산다고
담뱃재 털고 바지 추스르고 일어선다

어디로 갔을까
턱 괴고 깜박 졸다 놀라 깨었다
내가 나무 아래 쪼그리고 앉아 있다

어이없는 봄날 꿈

전도몽상顚倒夢想이다

몽유도夢遊圖 3

서울역 앞 흡연 구역 사람들 틈에 끼어
담배를 빤다 이 순간만큼은 모두가 하나다
철쭉꽃 한창이다
한쪽에선 악기 연주가 한창이다
멀리 남미 에콰도르에서 왔다는 인디오
담배 입에 물고 모두가 박수다

기다리는 순간은 잠깐이다
하나 되는 순간도 잠깐이다
시간을 본다
바삐 입구로 들어서는 사람들
바삐 출구로 빠져나가는 사람들
담배 한 대의 시간만큼
연주 한 곡의 시간만큼
멈추어 있다 떠난다
살아 있는 것들은 그렇게 오래 떠난다

눈사람새

대전역 광장
한쪽으로 치워놓은 눈 더미 옆에
눈사람 하나
'추억의 노래비'에 덩그렇게
등 대고 앉아 노숙하고 있다

막차 놓치고
새벽까지 곁에서 잠깐 눈 붙인다

꿈속에서
눈사람과 하늘을 날았다
눈, 사람, 새
참 춥고도 따뜻하다

잘 있거라, 기차가 온다

새를 닮은 아이 하나 빚어놓고
나는 간다

안서동에서

카페 통유리 밖
아파트 주민들이 웅성거린다
현수막도 몇 개 걸려 있고
머리띠 두른 부녀회원들이 팔을 들어 외치고 있다
―안서동 동명洞名을 바꿔달라, 바꿔달라!
―무슨 일이랍니까?
카페 주인이 맥주를 따르면서 키드득거린다
―손님은 잘 스세요?
―뭐가요?
―그거, 있잖아요!
―아하, 그거요!
그게 안 서는 건 생사가 달린 문제겠다

몇 달 후, 안서동 아파트 주변이 조용했다
묻지도 않았는데 카페 주인이 떠벌린다
―시에서 동명은 못 바꿔주는 대신 동장을 바꿔줬어요.
  동장이 안씨였거든요.

새로 부임한 동장 이름이 뭔지 아세요?
―내가 그걸 어떻게?
공연히 얼굴 붉히며 몸을 비비 꼬던 카페 주인이
종이에다 뭔가 써놓고 주방 안으로 숨는다
새로 부임한 동장 이름은
노상서!

독도에 서다

사람들이 흔들린다
봄에 흔들리고 가을에 흔들리고
손잡고 흔들리고 손 놓고 흔들린다
동서로 흔들리고 남북으로 흔들린다
어느 날 우측통행으로 바뀐 표지판 앞에서
떼관음보살*이 흔들린다

우리는 흔들리지 않기 위해
먼바다로 떠난다
묵호에서 울릉도 가는 배 위에서
울릉도에서 독도 가는 배 위에서
흔들리면서 흔들리지 않는 법을 배운다

미세한 꿈틀거림으로 온몸이 부풀어 오르는 순간,
마침내 독도에 발도장을 찍는다
맑고 경건한 섬 하나,
독도에 와서 비로소 독도가 된다

독도는 흔들리지 않는다

스스로 깊어지고 넓어지는 섬 하나,
살아 있음으로 우리와 함께
꿈틀거릴 뿐이다

* 떼 지어 행동하는 사람을 일컫는 말.

| 해설 |

공空으로 생生을 긷다
―이명수 시집 『風馬룽다』

김정남 **문학평론가·소설가**

 이렇게 결론부터 얘기하는 것이 무례가 되지 않을까. 이제 제6시집을 상재하는 시단의 어른께 말이다. 미욱하고 참을성 없는 입이기에, 한 시인이 생애를 걸고 가 닿은 지점을 먼저 말해야겠다. 그것은 바로 생명이다. 누구나 생명을 얘기하지만, 이명수 시인은 여기에 관념을 덧입히지 않고 생의 구체적인 자리에서 생명의 본질을 캐내고 있다. 그의 시에서 길어 올린 실체성이야말로, 체험Erlebnis이라는 근원적 장에서 얻어진 뜨거운 생의 진여다. 이는 시인의 첫 시집 『空閑地』로부터 제5시집 『울기 좋은 곳을 안다』를 관통하는 시정신이라 할 수 있는데, 그는 작고 미미한 것에 대한 깊은 애정과 섬세한 관찰의 시선에 더욱 내밀하게 천착하여 체험이라는 살아 있는 현재의 정신성을 추구해왔다. 그 정점이 바로 여기에 있는데, 나는 그의 이러한 작업이 우리 시단의 한 축을 떠받치고 있다는 사실에 조금의 유보도 없다.

>동사무소에서
>'어르신 교통카드'란 걸 받았다
>올봄 나는 공空이 되었다
>지하철 개찰구 센서에 카드를 대면
>문이 열리고 '0'空이란 숫자가 뜬다
>나갈 때도 '0'이 문을 열어준다
>늘 잔고는 '0'으로 채워져 있다
>
>출구를 빠져나와 계단을 오르는데
>저 밑에서 누가 부른다
>"어이! 지공 선사!"
>두리번거려도 아무도 없다
>3번 출구 밖
>꽃가루 분분
>내 봄의 잔액은
>공空에 이르렀다
>―「지공至空―상대적이며 절대적인 봄」 전문

그가 지금 사실적인 생체험의 뜨거운 정의情意, affect적 영역으로 들어갈 수 있었던 것은, 그가 이미 하나의 공空임을 인식했기 때문이다. 텅 비어 있기 때문에 오히려 생의 근원을 온몸으로 받아들일 수 있게 된다. 이 작품에 등장하는 '어르신 교통카드'는 단순한 행년行年의 문제라기보다는 '0'空을 비로소 받아들였다는 것을 의미한다. '내 봄의 잔액'이 공空이 되었을 때, 충만해질 수 있는 생의 진성眞性!

    우금티 넘어 뱁새울 가는 길
    장대비 그치고 된새바람 분다
    화냥년속고쟁이가랑이 진저리 친다
    속을 들여다본다
    요상하게 생겼다
    젖은 속고쟁이 입고 누워
    다리는 하늘로 뻗어 올려 진저리 친다

    고마나루 뚝방 길에 지천으로 핀
    화냥년속고쟁이가랑이
    날 저물어 꽃문으로 들어간다
    비거스렁이 몰려오는 저녁 어스름
    연미산이 진저리 친다

―「진저리 치다」 전문

 이렇게 자연물에게서 느끼는 진한 에로스eros의 정서는, 온 세상에 깃든 생명의 기운을 포착하는 근본적인 동력으로 작용한다. 장대비가 그치자 "화냥년속고쟁이가랑이"(은방울꽃의 속명)가 진저리를 친다. 속고쟁이를 입은 것 같은 꽃부리와, 다리를 하늘로 뻗어 진저리 치는 듯한 꽃술의 모습은 그 자체로 요상하게 보인다. 이제 저녁이 되자 "화냥년속고쟁이가랑이"가 다시 꽃문으로 들어가고, "비거스렁이"가 몰려오자 연미산이 다시 진저리를 친다. 자연의 섭리 안에서 세상 만물이 관계 맺고 조응하는 모습을 군더더기 없는 언어로 간명하게 간취해내고 있다. 장대비로 하늘의 사정射精을 받은 은방울꽃이 진저리를 치고 있는 모습이나, 비 그친 저녁나절 서늘한 바람을 맞으며 진저리 치고 있는 연미산은 온 생명의 기운이 소통하고 조화를 이루는 경이로움이다. 진저리 치다, 이것이 바로 꿈틀거리는 생명의 기운이다.

 차 끊긴 지하 4층 서울역,
 어디선가 귀뚜라미 운다
 유랑길 내 배낭에 묻어 온 것일까,
 먼 산골에서 상경해 길을 잃고 헤매다

따라온 것일까

귀뚜라미는 열차 침목 사이 자갈돌 틈에서 운다
열차 바퀴와 레일이 마찰할 때 생긴 열을
자갈들이 머금고 있는 곳
과자 부스러기 널려 있으니
배곯지도 않겠다
잘 자거라,
따스한 자갈돌 하나 손에 넣고
그 자리에 빵 한 조각 남겨둔다

지하 2층에서도 귀뚜라미들이 소리 없이 운다
라면 박스에 등 대고 신문지로 얼굴 가린
길 귀뚜라미들,
지상엔 붉은 머리띠 두른 광장 귀뚜라미들,
입동이 지나도 아랑곳없이
지하철 근처에 모여 새된 소리로 울고 있다

전광판엔 '내일 지하철 파업!'
지하철이 끊기면
지하 4층 귀뚜라미들이 제일 타격이 크겠다

―「지하철 귀뚜라미」 전문

 생명에 대한 경이를 노래하는 시인의 시선은 인간 중심의 한계를 뛰어넘어, 낮고 그늘진 곳에 사는 미미한 존재들에게까지 이어진다. 서울역 지하 4층, 지하철 침목 사이 자갈돌 틈에서 귀뚜라미 울음소리가 들린다. 화자는 귀뚜라미에게 잘 자거라, 말하며 빵 한 조각을 남겨둔다. 지하 2층에는 라면 박스와 신문지로 노숙하는 "길 귀뚜라미들"이 있고, 지상엔 붉은 머리띠를 두른 "광장 귀뚜라미들"이 있다. 이들은 모두 "새된 소리"로 울고 있는 존재들이다. 그러나 지하철이 파업하면 누가 제일 타격이 크겠는가. 화자는 지하 4층의 귀뚜라미라고 말한다. 열차가 다니지 않으면 따뜻한 자갈돌도 없고, 사람들이 다니지 않으면 과자 부스러기 하나 떨어지지 않을 것이기 때문이다. 인간 본위의 사고에서 벗어나면, 삼라만상에 깃든 생명의 가치가 오롯이 다가오는 것이다. 생명의 존재값은 인간이나 귀뚜라미나 한가지라는 생각, 그 대등한 생명 의식 안에서 귀뚜라미의 처지를 걱정하는 시인의 마음이 값지다.

 새끼 염소가 따라온다
 졸래졸래 뒤따라온다

미안하다,

어쩌다가 내가,

낮에 그걸 보지 말았어야 했다. 가죽 벗기고, 뼈 바르고, 살점 도려내는 원주민의 능숙한 칼놀림을. 그 저녁, 토야 아줌마와 뭉크트라 아저씨가 염소고기 바비큐를 내놓았다.

물어뜯는 게 볼품사나워 고기 몇 점 드는 둥 마는 둥, 게르에 돌아와 잠을 청했다. 빗소리를 내는 모래바람 속 누군가 문밖에서 울고 있다.

화들짝 놀라 낮에 찍은 사진을 꺼내 들여다보았다.

아뿔싸, 능숙한 칼놀림만 보았지 칼끝에 피 흘리는 네 어미를 보지 못하였구나.

뜬눈으로 지새우고 이튿날, 짐을 꾸려 엘승타슬하를 떠났다.

따라오지 마라, 따라오지 마라, 미안하다,

네 어미를 잡아먹은 게 맞다.

초원 한가운데 물끄러미 서 있는 새끼 염소 한 마리,

백미러 안에서 지워지고 있다.

고도 8,000미터, 밤하늘을 도망치듯 날아왔다.

인천공항 먼 하늘가 염소자리에서 별똥별이 지고 있다.

―「새끼 염소―몽골몽夢」 전문

  항시 목숨의 조건은 타자의 생명일 수밖에 없다. 우리가 먹고 마시고 입는 것은 모두 어디에서 온 것인가. 생명의 숨을 끊어 얻은 것이다. 『우리는 왜 개는 사랑하고 돼지는 먹고 소는 신을까』(멜라니 조이)에서 육식주의의 모순과 폭력을 지적하는 것처럼, 우리는 결국 생명이 있는 존재를 대상화 objectification하고 이분화 dichotomization하여 이를 유린한다. 우리가 기르고 먹고 신는 모든 것은 생명에서 온다. 육식에 길들여진 인간은 조금의 윤리 의식도 없이 마구잡이로 사육하고 무참하게 살육한다. 이렇게 존재를 생명이 없는 것으로 사물화시킬 때, 사육과 육식은 정당화된다.

  화자는 몽골의 게르촌에서 염소의 가죽을 벗기고, 뼈를 바르고, 살점을 도려내는 살풍경한 장면을 목격한다. 이렇게 능숙한 솜씨로 죽임을 당한 것은 한 마리의 '어미 염소'였다. 새끼 염소가 졸래졸래 뒤따라오자 화자는 "미안하다, / 어쩌다가 내가"라고 말하며 어미를 죽인 것에 대해 마음 깊이 굽죄인다. 새끼 염소는 모래바람 속에서 밤새도록 울고 있다. 화자는 뜬눈으로 밤을 지새운다. 살을 발리는 능숙한 칼놀림에 정신이 나가 있었을 뿐, "피 흘리는 네 어미를 보지 못하였"음을 자책한다. 짐을 꾸려 그곳을 떠나올 때, 백미러에는 초원 한가운데 홀로 서 있는 새끼 염소가 보인다.

  죽임에도 생명에 대한 윤리가 개입되어야 한다. 이 시에서 생명은 모성의 가치와 등가의 관계를 맺고 있다. 한 생명을 죽인 것이 모성의 숨통을 끊고 새끼 염소를 외로움에 떨게 한 것이다. 화자는 다시금 속죄의 마음을 전한다. 따라오지 말라고, 미안하다고, 네 어미를 잡아먹은 게 맞다고. 그러나 그 염소는 도망치듯 떠나온 화자를 계속 따라와 인천공항 먼 하늘에 "염소자리"로 떠 있다. 거기서 별똥별이 지고 있다. 한 생명이 또 아프게 사라지고 있는 것이다. 이러한 성오省悟의 마음을 가능케 하는 것이 바로 생명에 대한 감수성이다. 시인의 마음을 아프게 했던, 그리하여 그 아픈 마음을 질기게 따라왔던 한 생명의 숭엄한 존재값은, 숨이 붙어 있는 모든 것들을 아유화我有化했던 우리 삶의 비윤리적 가치를 성찰하게 한다.

    길 건너 타워팰리스엔 없는 것이
    이 마을엔 있다
    매일매일 쌓이는 3,000장 연탄재,
    길 건너 타워팰리스에 있는 것이
    이 마을에도 있다
    매일매일 쏟아내는 4,000명분의 분뇨

분뇨가 분노로 발효되어 끓어오르는 날
그들은 비로소 유령에서 사람이 되리라
그때
길 건너를 향해
살아 있다고, 살아 있다고
던지며, 뿌리며 소리치리라
―「연탄재와 분뇨―구룡마을」 전문

 인간 사회에서도 생명의 이분법은 더욱 잔인하게 구획되어 있다. 타워팰리스가 우뚝 솟아 있는 대한민국 1번지 강남에 서울 지역의 대표적인 판자촌 구룡마을이 있다. 초현대식 건물이 즐비한 강남에 무허가건물촌이라니. 타워팰리스에는 연탄재가 쌓이지 않지만, 거기에도 있고 구룡마을에도 있는 것은 매일매일 사람들이 쏟아내는 분뇨다. 우리들이 싸듯이 너희들도 싼다는 얘기다. 이 평등한 진리! 그러나 사람들은 주소도 등록되어 있지 않은 이곳의 주민들을 '유령'처럼 여긴다. 말소된 생명으로서의 가치, 삭제된 인간으로서의 권리가 분노로 끓어오르는 날, 그리하여 그들이 유령에서 사람이 되는 날, 저 우뚝 솟은 자본의 공룡 타워팰리스를 향해 "던지며, 뿌리며 소리치리라". 여기 사람이 살아 있다고. 시인은 양극화된 사회의 현실을 오로지 생명의 관점에서 바라본다. 시인의 현실 인식이 편벽한 앙가주망의 태도와 구분되는 것은 '살아 있음'이라는 생명에의 넓고 깊은 의식으로 현실을 받아들이고 있기 때문이다.

　나이 백다섯 된 집안 어른이 돌아가셨습니다.
　여든다섯 아드님과 여든넷 며느님이 상주. 목회자인 장손자와 신도들이 둘러앉아 추도 예배 중인데, 뜬금없이 상주 며느님이 벌떡 일어나 웬 노래를 불러댑니다.
　"꿩꿩 장서방 무얼 먹고 사나"
　좌중은 한바탕 웃음판이 되고, 아드님이 안절부절못하는 게 보기에 민망했으나 호상에 흉은 아닐 듯합니다.
　하지만 속사정이 궁금했지요.

　백다섯의 시어머님은 돌아가기 전까지 여든넷 며느님의 치매 수발을 드셨다 합니다.
　며느님이 기억의 끈을 놓지 않게 매일같이 찬송가를 부르셨는데, 치매 오기 전까지 함께 불렀던 찬송가는 깡그리 잊고, 어린 시절 동무들과 불렀던 놀이 노래를 기억해냈다는 겁니다.
　치매가 가까운 과거부터 차례로 지워나가 마침내 어렸을 적 먼 과거로 돌아간다는 말은 들었지만 눈앞에서 목도하니 어안이 벙벙했어요.

"꿩꿩 장서방 무얼 먹고 사나"

당신이 떠나기 전, 며느님이 어린 시절 기억만이라도 꼭 잡고 있으라고 매일같이 이 구전동요를 함께 불렀던 영정 속 저 시어머님이 참 장한 장서방이 아니겠습니까.

날 저물어 시어머님은 하늘나라로, 며느님은 어린 날로 돌아가고, 나는 집으로 돌아갑니다.

"꿩꿩 장서방 무얼 먹고 사나"

―「꿩꿩 장서방」 전문

이 시(제1회 계간《시와시》작품상 수상작)는 "우리 모두에게 삶과 죽음의 의미에 대한 근원적인 질문을 갖도록 한다"는 평과 같이, 생명의 본성을 구체적인 일화를 통해 담담하게 풀어놓고 있다. 백다섯을 일기로 세상을 떠난 어느 시어머니의 장례식에서 여든넷 며느리가 벌떡 일어나 웬 노래를 불러 댄다. "꿩꿩 장서방 무얼 먹고 사나." 사연인즉, 백다섯 시어머니가 돌아가시기 전까지 여든넷 며느리의 치매 수발을 들었다는 것. 치매가 오기 전까지 함께 불렀던 찬송가는 다 잊고, 며느리 기억에는 어린 시절 동무들과 불렀던 노래만 남아 있었던 것. 화자는, 어린 시절의 기억이나마 붙잡고 있으라고 이 노래를 함께 불렀던 영정 속의 시어머니야말로 정말 장한 장서방이 아니겠느냐고 말한다. 가까운 과거부터 잊어, 유년의 자리에 닿았던 며느리. 결국 근원의 자리가 가장 늦게까지 남아 있는 것이 아닌가. 시어머니는 하늘나라로, 며느님은 어린 날로, 나는 집으로 간다. 모두가 본원적인 자리로 돌아간 셈이다. 생은 근원을 찾아가기 위한 지난한 통과의례의 과정이 아닌가. 매일매일이 그러하고, 한 해가 그러하고, 한생이 그러하다.

삼순이가 새끼 네 마리 낳았다
두이레에 눈 뜨고 삼칠일에 귀 열리고
한 달 만에 뒤뚱뒤뚱 걷는다
강아지 사 남매, 일보리, 이보리, 삼보리, 사보리,
달포 지나 날 풀리면 남의 집에 보내야 한다

한밤중 삼순이가 새끼 한 마리 물고 내 방으로 온다
다른 놈들에 치여 제대로 얻어먹지 못한
일보리 무녀리,
내 곁에서 젖 먹여 재운다
측은지심惻隱之心이, 보리심菩提心이 별거냐,
그래, 삼순아,

일보리 무녀리는 네 품에 남겨두마

육 남매 상머리에 언제나 1번이었던
무녀리 나,
그때 내 어미도 나를 그렇게 거두었지
―「무녀리」 전문

 존재의 본질이 생명이라 할 때, 그것을 수태하고 기르는 거룩한 모성은 생의 모든 가치 중 으뜸의 자리에 놓인다. 나는 여기서 모성을 특권화시키거나 신비화하고자 하는 것이 아니다. 희생을 강요하는 모성 신화가 가부장적 이데올로기를 강화하고 또 지배적인 양육 태도로 자녀를 억압해왔다는 점을 부정할 수는 없다. 그렇지만 모성을 탈신비화하고 양성성을 강조하는 것만이 불평등한 성 역할을 다시 자리매김하는 길이라고는 볼 수 없다. 성의 신비가 제거될 때 성이 쾌락의 도구로 전락하는 것처럼, 모성이 양성적·일상적 가치로 인식될 때 인간의 존재도 함께 절하되기 때문이다.
 '삼순이'가 네 마리의 새끼를 낳았다. 순서대로 일보리, 이보리, 삼보리, 사보리라 이름 짓는다. 날이 풀리면 다른 집으로 입양을 보내야 한다. 늦은 밤, 삼순이가 일보리 무녀리(한 태에 낳은 여러 마리 새끼 가운데 가장 먼저 나온 새끼)를 물고

온다. 다른 새끼들에게 치여 제대로 젖을 먹지 못한 놈이다. 화자는 곁에서 일보리에게 젖을 먹여 재우는 삼순이에게 "삼순아, / 일보리 무녀리는 네 품에 남겨두마"라고 말한다. 그리고 떠올린다. 육 남매의 장남이었던 무녀리 '나'를 어머니도 그렇게 거두었음을. 숭고하고 거룩한 모성일진저!

이명수 시인이 이 시집에서 거둔 뛰어난 성취는 생명의 가치와 그 알속을 구체적으로, 사실적으로 탐구했다는 데 있다. '지공至空' 선사가 된 연배에도 오히려 자신의 텅 빔을 충만하게 껴안아 뜨거운 생명의 비의를 길어 올리고 있는 것이다. 이 경지가 바로 불연기연不然其然의 세계가 아닌가. 수운水雲 최제우가 『東經大全』에서 말한 바와 같이, 기연은 기연이지만 그렇지 않음을 찾아서 생각하면 불연은 불연인 것이다(其然如其然 探不然而思之則 不然于不然). 텅 비어 있음이 기연其然이라면, 그 속에 깃든 충만함은 불연不然이다. 그는 이미 「성북동城北洞 168번지」에서 자신의 지난날을 반추하며, 세월이 "나를 휩쓸고 간 강물" 같아도, "나 또한 강물 따라 흐르는 저녁 바람"이었다는 사실을 깨달았다. '그렇지 않다'와 '그렇다'의 경계가 무화된 경지, 그는 이미 불연기연의 세계에 닿았던 것이다.

*

꺼얼무에서 라싸로 넘어가는 탕구라 고갯마루에서
한 가족을 만났다
가장 높은 성산에 도달하기 위해
부처의 집에 마음 바치기 위해
이마를 땅바닥에 대고 대지와 입맞춤하는
五體投地 苦行家族
5,231미터 산정 타르초에
해진 옷을 걸어놓고 머리카락도 조금 잘라 던져놓고
고통에 감사한다
곤륜산 너머에서 왔을까, 수미산을 넘어왔을까,
묻지 않았다
비굴하지 않게 거룩하게 무릎 꿇어보았는가
내게 물었다

빈 들녘에 룽다〔風馬〕가 펄럭인다
새로 태어나는 바람에게 내 바람을 적어
말갈퀴 휘날리는 깃발에 걸었다
삶과 죽음이 바람이라고 날숨 들숨 사이에서 되뇌다
바람의 나라에서 잠이 들었다

*

히말라야 설산 눈부심 앞에 경배하고
조캉 사원 바코르 광장 순례 인파 속에 선다
서서 걷는 것이 깨진 유리 파편 위를 걷는 고행이다
고통은 내 몫이지만 삶으로 나누어 가질 수 있을까

사람들은 한 손으로 마니차를 돌리고
또 한 손으론 염주 알을 굴리며 걷는다

인파 속에 서 있는 한 아이
광장에 몸을 던져 오체투지를 하다 일어나
사방을 두리번거리며 손을 내민다
한 무리 인파가 빠져나간 광장에
아이와 내가 물끄러미 서 있다
돈을 받기 위해 오체투지하는 척
인기척에 놀라 공부하는 척
아이와 내가 같은 길을 걸어온 것은 아닐까

*

조캉 사원 주니퍼 향로에 향초를 던지며
아직 당도하지 않은 고행가족苦行家族을 기다린다

누가 보아주지 않아도 박수 쳐주지 않아도

누가 시인이라 불러주지 않아도

노래하고 춤출 수 있기를

무릎 꿇고 타오르는 불길에

나를 던져 넣었다

―「고행苦行과 만나다―티베트 순례 기행」 전문

  그의 시가 생의 진여에 닿을 수 있었던 요체는 무엇일까. 그가 티베트 순례에서 고행苦行의 장면을 목도하고 그 의미를 되새기는 방식을 통해, 나는 그 작은 단초를 깨닫는다. 이 시에는 두 가지 모습의 고행이 나온다.

  그 하나는 "탕구라 고갯마루"에서 만난 "고행가족"이다. 그들은 높고 아득한 정신에 닿기 위해 가장 낮은 대지에 입맞춤하며 오체투지한다. 비록 해진 옷을 입고 있을지언정, 그들은 고통에 감사한다. 이때 화자는 자신에게 묻는다. "비굴하지 않게 거룩하게 무릎 꿇어보았는가"라고. 그리고 '룽다'(불교 경전이나 진언을 담은 오색 깃발로, lungdar는 티베트 말로는 風馬, 즉 '바람의 말'이란 뜻을 가지고 있다)에 자신의 '바람'을 담아 '바람'에 내건다.

  두 번째 고행의 장면은 "조캉 사원 바코르 광장"의 인파 속에서 발견한 아이의 모습이다. 아이는 오체투지를 하다가 사방을 두리번거리며 손을 내민다. 물론 먹고사는 일이 절박한 것이겠지만, 그 아이는 "돈을 받기 위해 오체투지하는 척 / 인기척에 놀라 공부하는 척"하는 것이다. 이때 화자는 다시 자신의 내면을 들여다본다. "아이와 내가 같은 길을 걸어온 것은 아닐까"라고.

이윽고 그는 조캉 사원 "주니퍼 향로"에 향초를 던지며, 간절하게 발원한다. 누가 보아주지 않아도, 아무도 격려하지 않아도, 누가 시인이라 불러주지 않아도 "노래하고 춤출 수 있기"를. 그리고 무릎을 꿇고 스스로를 그 불길 속으로 던져 넣는다. 그의 가장 절실한 실존의 방도는 오직 시 쓰기다. 생을 노래할 수 있다는 것! 이를 위해서는 자신의 모든 것을 걸고 기투해야 한다는 것! 숭엄하고도 위대한 꿈이다. 그는 아마도 생이 다하는 날까지 시에 오체투지할 것이다. 그의 영혼, 그 바람 모지 들판에 휘날리는 오색 '룽다'에는 영원히 노래하고 춤출 수 있기만을 바라는 '바람'이 세차게 나부끼고 있다.